BEI GRIN MACHT SICH IHR WISSEN BEZAHLT

AF143591

- Wir veröffentlichen Ihre Hausarbeit,
  Bachelor- und Masterarbeit

- Ihr eigenes eBook und Buch -
  weltweit in allen wichtigen Shops

- Verdienen Sie an jedem Verkauf

Jetzt bei www.GRIN.com hochladen und kostenlos publizieren

Bibliografische Information der Deutschen Nationalbibliothek:

Die Deutsche Bibliothek verzeichnet diese Publikation in der Deutschen National-
bibliografie; detaillierte bibliografische Daten sind im Internet über http://dnb.d-
nb.de/ abrufbar.

Impressum:

Copyright © 2016 GRIN Verlag, Open Publishing GmbH
Druck und Bindung: Books on Demand GmbH, Norderstedt Germany
ISBN: 9783668258426

Dieses Buch bei GRIN:

http://www.grin.com/de/e-book/335791/online-kundenbewertung-und-ihr-einfluss-
auf-extensive-kaufentscheidungen

Anonym

Online Kundenbewertung und ihr Einfluss auf extensive Kaufentscheidungen. Analyse eines Fallbeispiels

GRIN Verlag

GRIN - Your knowledge has value

Der GRIN Verlag publiziert seit 1998 wissenschaftliche Arbeiten von Studenten, Hochschullehrern und anderen Akademikern als eBook und gedrucktes Buch. Die Verlagswebsite www.grin.com ist die ideale Plattform zur Veröffentlichung von Hausarbeiten, Abschlussarbeiten, wissenschaftlichen Aufsätzen, Dissertationen und Fachbüchern.

Besuchen Sie uns im Internet:

http://www.grin.com/

http://www.facebook.com/grincom

http://www.twitter.com/grin_com

FOM Hochschule für Oekonomie & Management

Standort Düsseldorf

Berufsbegleitender Studiengang zum Bachelor of Arts (B.A.)

im Studienfach Business Administration

SS 2016 in Düsseldorf

Seminararbeit im Aufbaumodul I. Marketingtrends & Forschung

– 6. Semester –

Online Kundenbewertungen und ihr Einfluss auf extensive Kaufentscheidungen – Analyse eines Fallbeispiels

Inhaltsverzeichnis

I. Abkürzungsverzeichnis

z.B.   zum Beispiel

bzw.   beziehungsweise

II. Abbildungsverzeichnis

1. Einleitung

„Some 70% percent of US online adults trust brand or product recommendations from friends and family and 46% trust consumer-written online reviews, while just 10% trust ads on websites and 9% trust text messages from companies or brands."[1]

Der Kunde von heute besitzt eine unwiderrufliche Einkaufsmacht. Er ist aufgeklärt und mündig, sodass er vor allem seit der Entstehung von Web. 2.0-Technologien Gebrauch davon macht, seine Erfahrungen mit Produkten und Dienstleistungen öffentlich zu teilen. Dabei akzeptiert der moderne Konsument schon längst nicht mehr seinen Platz am Ende der Wertschöpfungskette. Vielmehr durchbricht er die eindimensionale Grenze zwischen Unternehmen und Kunden und übernimmt eine aktive Rolle als Entwickler, Produzent und Kritiker von Produkten.[2] Parallel dazu wird der Konsument zunehmend mit mehr Werbebotschaften konfrontiert. Diese Informationsfluten lassen ihn schnelle und zuverlässige Selektionsmechanismen entwickeln, sodass die Glaubwürdigkeit von Informationen zunehmend an Bedeutung gewinnt. Aussagen eines anderen Kunden werden gegenüber unternehmensinszenierter Botschaften hierbei als deutlich glaubwürdiger bewertet. Es geht um nutzergenerierte Inhalte. Genauer noch: Es geht um Kundenbewertungen.[3]

Ziel dieser Seminararbeit ist es, die Bedeutung von Kundenbewertungen im Internet herauszuarbeiten und darüber hinaus deren Einfluss auf die Kaufentscheidung des Konsumenten zu untersuchen. Diese Bedeutung wird hierbei vornehmlich für den extensiven Kaufentscheidungstypen erarbeitet.

Zunächst wird der Leser hierfür tiefer in die Thematik der Kundenrezensionen eingeführt und die Ziele von Kundenbewertungen im Internet erarbeitet. Darauf aufbauend werden die Charakteristika extensiver Kaufentscheidungen vorgestellt sowie der Kaufentscheidungsprozess genauer untersucht. Anhand des Fallbeispiels der Hotelsuche bzw. der Hotelwahl soll der Einfluss von Rezensionen auf die Kaufentscheidung weiterhin erläutert werden. Theoretische sowie praktische Erkenntnisse werden im anschließenden Fazit gegenübergestellt.

---

[1] Forrester (2013).
[2] Vgl. Fabel, M. et al. (2011), S. 192.
[3] Vgl. Haug, K. et al. (2010), S. 117.

2. Kundenbewertungen

2.1 Definition

Allgemein ist das Bewertungssystem als eine Darstellung aus Einschätzungen zu verstehen, die Auskunft darüber schaffen soll, inwieweit eine Entität nutzenbringend für eine verfolgte Zielstellung ist.[4] Innerhalb dieser Systeme stellen Kundenbewertungen sowohl positive als auch negative Äußerungen von potenziellen, aktuellen oder ehemaligen Kunden zu einem Produkt, einer Dienstleistung oder einem Unternehmen dar. Diese werden über das Internet in der Regel für die Öffentlichkeit bereitgestellt.[5] Die Bewertung selbst erfolgt auf Basis von Einstellungen und Erfahrungen mit der bewerteten Entität und ist somit eine subjektive, situations- und zeitbezogene Einzelmeinung. Dabei wird grundsätzlich zwischen zwei Typen, der qualitativen und quantitativen, Kundenbewertung unterschieden. Erstere stellt Erfahrungsberichte zumeist in textlicher Form von Kunden dar, während auf Skalen basierende Ratings den quantitativen Typen auszeichnen.[6] Im Rahmen dieser Arbeit besitzen die Begriffe Kundenrezension und Kundenbewertung dieselbe Bedeutung.

2.2 Ziele

Eine bedeutsame Herausforderung für den Online-Handel ist der Vertrauensaufbau zu den Nutzern der virtuellen Welt. Diese ist hierdurch begründet, dass Vertrauen im stationären Handel durch persönlichen Kontakt erzeugt wird, was im Internet hingegen nur bedingt möglich ist. Die hieraus resultierenden Informationsdefizite über Verkäufer, Produkte oder Dienstleistungen führen infolgedessen zu einer erhöhten Risikowahrnehmung.[7] Um dieser entgegenzuwirken, ziehen Kunden Rezensionen heran, die sie während des Kaufentscheidungsprozesses unterstützen. Die Selektion von Bewertungen die seitens des Konsumenten hinzugezogen werden, ist hierbei im Wesentlichen von zwei Faktoren abhängig: Der Darstellung von Bewertungen sowie der Möglichkeit der Manipulation in ihrer Darstellungsweise. Daher kommt Kundenbewertungen die Aufgabe zu, ein unvoreingenommenes Verständnis zum bewerteten Produkt zu entwickeln. Hierbei sollten Möglichkeiten der Manipulation soweit wie möglich vermieden werden.

---

[4] Vgl. Miceli, M. (2000), S. 230.
[5] Vgl. Henning-Thurau, T. et al. (2001), S. 562.
[6] Vgl. Domma, P. (2011), S. 47.
[7] Vgl. Schaffert, S. et al. (2010), S. 91.

Während der frühen Phasen des Kaufentscheidungsprozesses fehlen dem Konsumenten außerdem klare Kriterien zu Produktbeurteilung. Das Heranziehen von Kundenbewertungen als Informationsquelle ist eine Möglichkeit, um genau diese Kriterien zu entwickeln.[8] Voraussetzung hierfür ist eine möglichst hohe Aussagekraft bereitgestellter Informationen. Diese wird durch eine multidimensionale Darstellung von Bewertungssystemen gewährleistet. Dabei sollte Nutzern die Freiheit gegeben werden, Bewertungen nach Produktattributen, Anwendungsbeispielen oder auch personenbezogenen Attributen filtern zu können. Während zum Beispiel die Hotelbewertung einer Familie mit Kindern für eine andere Familie eine hohe Aussagekraft besitzt, ist die Bewertung desselben Hotels durch eine Gruppe jugendlicher hingegen weniger relevant.[9] Folglich sollen Kundenbewertungen insbesondere durch eine hohe Aussagekraft den Kunden bei der Entwicklung von Bewertungskriterien unterstützen.[10]

Weiterhin sind die Suchkosten für den Konsumenten zu berücksichtigen, die im Rahmen der Informationsbeschaffung zu einem Produkt entstehen. Diese setzen sich aus kognitivem sowie psychischem Aufwand zusammen. Ersteres beschreibt hierbei die Wahrnehmung und Verarbeitung von Orientierungshilfen während der Produktsuche.[11] Hier sehen sich Online-Händler insbesondere vor die Herausforderung gestellt, Datenmengen so zu aggregieren und bereitzustellen, dass die kognitiven Kosten für den Nutzer reduziert werden.[12] Gleichzeitig besteht durch die Verdichtung von Einzelbewertungen hin zur generellen Bewertungsaussagen das Risiko des Verlustes individueller Informationen.[13] Unter Berücksichtigung letzteren Aspektes, stellt das dritte Ziel folglich die Reduktion kognitiver Kosten für den Konsumenten dar. Diesem Ziel kommt insofern eine tragende Bedeutung zu, als das es die zwei vorausgegangenen Ziele weitestgehend impliziert. Hieraus lässt sich die vierte übergeordnete Zielsetzung erschließen. Diese liegt darin, dem Kunden mittels Kundenrezensionen eine akkurate Produktwahl treffen zulassen. Die einzelnen Ziele sowie die Verkettung und Abhängigkeiten untereinander werden in folgender Abbildung nochmals übersichtlich dargestellt.

---

[8] Vgl. Karahanna, E. et al. (2011), S. 232.
[9] Vgl. Haug, K. et al. (2010), S. 117.
[10] Vgl. Karahanna, E. et al. (2011), S. 232.
[11] Vgl. Roth, C. (2005), S. 29.
[12] Vgl. Karahanna, E. et al. (2011), S. 232.
[13] Vgl. Becker, J. et al. (2009), S. 12.

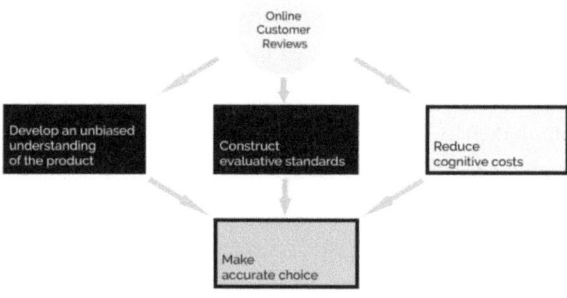

Quelle: Eigene Abbildung nach: Karahanna, E. (2011): S. 232
Abbildung 1: Zielsetzungen von Kundenbewertungen im Internet

3. Der Kaufentscheidungsprozess

3.1 Die extensive Kaufentscheidung

Kaufentscheidungen können unterschiedlich ausfallen. Ein wichtiges Kriterium für den Umfang des Entscheidungsprozesses ist hierbei, ob und inwieweit der Konsument bereits Erfahrungen mit einer Produktkategorie gesammelt hat. Darüber hinaus spielen Einflussfaktoren wie das Involvement, der Zeitdruck aber auch die wahrgenommenen Produktunterschiede eine wesentliche Rolle. Diese Faktoren wiederum bestimmen, ob ein Kauf ohne nennenswerte Informationsgrundlage getroffen wird oder aber im Voraus vielfältige Informationsquellen ausgewertet werden.[14] In diesem Rahmen müssen neben der rein kognitiven Betrachtung ferner emotionale (affektive) Prozesse sowie reaktive Vorgänge betrachtet werden, um das Entscheidungsverhalten umfassender erklären zu können.[15]

DOMINANTE PROZESSE

Kaufentscheidung	affektiv	kognitiv	reaktiv
extensiv	x	x	
limitiert		x	
habitualisiert			x
impulsiv	x		x

Quelle: Eigene Abbildung nach: Kroeber-Riel, W. (2011): S. 460
Abbildung 2: Die vier Kaufentscheidungstypen nach Weinberg

---

[14] Vgl. Kuß, A. et al. (2000), S. 93-101.
[15] Vgl. Kroeber-Riel, W. et al. (2013), S. 460.

Im Folgenden soll der extensive Kaufentscheidungstyp genauer untersucht und erörtert werden.

Die extensive Kaufentscheidung ist durch eine hohe kognitive Beteiligung des Konsumenten charakterisiert, da Kaufabsichten erst während des Entscheidungsprozesses präzisiert werden. Es handelt sich hierbei um einen so genannten Suchkauf.[16] Da diese Art der Entscheidung in der Regel erstmalig oder aber höchst selten getroffen wird, erfordert sie die Wahrnehmung einer unbekannten Situation und die Lösung des durch diese Situation geschaffenen Problems.[17] Folglich benötigen extensive Kaufentscheidungen einen umfangreichen Informationsbedarf, eine tendenziell längere Entscheidungsdauer sowie die Wahrnehmung der Notwendigkeit, Bewertungskriterien selbstständig zu erarbeiten.

Des Weiteren entsprechen extensive Kaufentscheidungen am ehesten dem Verhalten der klassischen ökonomischen Theorie, innerhalb derer Handlungen auf den Märkten infolge logischer und rationaler Überlegungen vollzogen werden.[18] Die Ausprägung des rational handelnden Konsumenten ist hierbei tendenziell umso kennzeichnender, je weniger dieser über bewährte Entscheidungsmuster verfügt.[19] Demnach besitzt der Konsument keine oder lediglich wenige Informationen bezüglich des Produktes und kann außerdem nicht auf eigens erfahrene Kriterien zurückgreifen. Hieraus resultiert wiederum die Notwendigkeit der aktiven Informationsbeschaffung, die Verarbeitung der Informationen sowie deren Bewertung. Die extensive Kaufentscheidung ist weiterhin durch eine starke Ausprägung affektiver Prozesse gekennzeichnet, welche der Aktivierung kognitiver Tätigkeiten dient. In diesem Rahmen wird auch von einer emotionalen Schubkraft gesprochen.[20]

Kundenrezensionen können den Konsumenten dabei unterstützen, die notwendigen Entscheidungsmuster zu entwickeln, indem sie ehrliche Evaluationen über die Stärken und Schwächen eines Produktes bereitstellen. Weiterhin gehen Kundenbewertungen auf individuelle Nutzungssituationen ein und stellen den Nutzen eines Produktes aus Konsumentensicht dar. Hierdurch bereitgestellte Informationen sind somit

---

[16] Vgl. Foscht, T. et al. (2011), S. 172.
[17] Vgl. Kuß, A. et al. (2000), S. 93.
[18] Vgl. Gabler Wirtschaftslexikon (o.J.).
[19] Vgl. Foscht, T. et al. (2011), S. 172-173.
[20] Vgl. Gröppel-Klein, A. (2008), S. 33.

vertrauter und einfacher aufzunehmen, da sie das persönliche Empfinden des Konsumenten wiederspiegeln.[21]

3.2 Phasen des extensiven Kaufentscheidungsprozesses

Extensive Kaufentscheidungsprozesse sind in einem hohen Maß kognitiv gesteuert, sodass Problemlösungsprozesse zum großen Teil bewusst ablaufen. Wenn auch stark vereinfacht, können diese in folgende vier Phasen unterteilt werden: Die Problemerkenntnis, Informationsaufnahme, Informationsverarbeitung sowie die Kaufentscheidung.[22]

Die erste Phase kennzeichnet die Problemerkenntnis, in diesem Zusammenhang also die Entstehung eines Bedarfes. Der Bedarf ist hierbei als ein konkretisierendes Bedürfnis zu verstehen, welches aus dem Gefühl eines Mangels und dem Wunsch nach dessen Beseitigung hervorgeht. Unter der Voraussetzung von Kaufkraft ist der Bedarf folglich der Auslöser für den Kaufentscheidungsprozess.[23]

Informationen werden entweder intern, aus dem Gedächtnis, oder extern aus Quellen wie z.b. Werbeinformationen, Beobachtungen oder Diskussionsgruppen im Internet herangezogen. Hierbei wird bei der externen Informationsaufnahme nochmals zwischen einer aktiven sowie passiven Aufnahme unterschieden. Aufgrund der Notwendigkeit einer umfangreichen Informationsbeschaffung, nimmt die aktive Informationssuche bei extensiven Kaufentscheidungen die zentrale Rolle ein.[24] Hierzu gehört auch das Heranziehen von Kundenrezensionen im Internet als eine mögliche Informationsquelle. Dabei folgt der Konsument bei seinem Suchverhalten bewährten Mustern oder aber trifft situationsbedingte Einzelentscheidungen, für die er einen Kosten-Nutzen-Vergleich heranzieht. Nicht nur die finanziellen, sondern auch die psychischen Kosten- und Nutzenschätzungen sind in diese Zusammenhang zu berücksichtigen. Infolgedessen werden diejenigen Informationen als kostengünstig empfunden, welche leicht zu beschaffen sind und somit vom Konsumenten als Informationsquelle bevorzugt werden. Auch hier kommt Kundenbewertungen eine tragende Rolle zu, da Produktinformationen kumuliert zur Verfügung stehen, die anderweitig unter einem deutlich höheren Aufwand zu beschaffen wären.[25]

---

21 Vgl. Park, D. et al. (2007), S. 127.
22 Vgl. Kuß, A. et al. (2000), S. 98.
23 Vgl. Wirtschaftslexikon24 (2015).
24 Vgl. Foscht, T. et al. (2011), S. 89 – 91.
25 Vgl. Beek, P. (2009), S. 7.

Die gewonnen Informationen werden im weiteren Prozess verarbeitet und vornehmlich zur Bewertung und den Vergleich bestehender Alternativen genutzt.[26] Besonders während dieser Phase des Kaufentscheidungsprozesses können nutzergenerierte Rezensionen für die Kaufentscheidung hilfreich sein. So kann das kumulierte Wissen der Internetnutzer die Bewertungen von Alternativen vereinfachen und den kognitiven Aufwand reduzieren. Individuelle Rückfragen der Nutzer untereinander ermöglichen darüber hinaus weitere Informationen über ein Produkt oder eine Produktgruppe zu gewinnen.[27] Im Anschluss der Informationsverarbeitung sind die notwendigen Kaufpräferenzen gebildet worden, sodass im Rahmen dieses stark vereinfachten Modells eine Kaufentscheidung getroffen werden kann.

3.3 Soziale Bewährtheit

Extensive Kaufentscheidungen bewegen den Kunden dazu, rational und nach dessen maximalen Nutzen zu handeln. Jedoch können Entscheidungen nie rein sachlich getroffen werden. Der wohl am meisten unterschätzte Einflussfaktor unseres Handelns ist hierbei auf das Prinzip der sozialen Bewährtheit zurückzuführen.[28] Die soziale Bewährtheit beruht auf dem Phänomen, dass sich der Mensch in seinen Entscheidungen, ob etwas richtig ist, häufig daran orientiert, was andere für richtig halten. Die Ursache ist darin zu finden, dass 95% der Menschen Nachahmer und lediglich fünf Prozent so genannte Vormacher sind. Das Prinzip kann anhand des Beispiels eines Barkeepers deutlich gemacht werden. Dieser legt bereits am Anfang des Abends Geldscheine in die Trinkgeldgläser. Gäste bekommen durch diese Handlung wiederum den Eindruck vermittelt, dass das Geben von Trinkgeld in dem Lokal durchaus angemessen sei. Sie sind folglich eher gewillt, aufgrund sozialer Normen ebenfalls Geld in das Glas zu geben.[29] Die soziale Beeinflussung kann Entscheidungen gegebenenfalls sogar stärker beeinflussen als das Argument der eigenen Nutzenmaximierung.

Dabei besitzt das Prinzip der sozialen Bewährtheit vorrangig einen normenstiftenden Charakter. Hierbei haben sich spezifische gegenüber globaler Normen als besonders wirksam erwiesen. So ist ein starker Einflussfaktor auf die Wirksamkeit der sozialen Bewährtheit dasjenige Ausmaß, in dem Menschen sich hinsichtlich scheinbar wichtiger Merkmale ähnlich sind. Das kann z.B. das Geschlecht oder der soziale Hinter-

---

[26] Vgl. Kuß A. et al. (2000), S. 98.
[27] Vgl. Beek, P. (2009), S. 7.
[28] Vgl. Felser, G. (2014), S. 118.
[29] Vgl. Cialdini, R. (2010), S. 157-160.

grund von Personen sein. Laut einer weiteren Studie konnte außerdem ermittelt werden, dass das ausschlaggebende Kriterium sozialer Bewährtheit in der Ähnlichkeit einer spezifischen Situation liegt. So achtet der Mensch vorrangig darauf, ob und inwiefern sich andere Personen bei Entscheidungen in der gleichen bzw. einer ähnlichen Situation befanden.[30] Infolgedessen richtet er sein Handeln nach diesen Personen, da die gefällten Entscheidungen sich bei ähnlichem Hintergrund bereits sozial bewährt haben.

Das Prinzip der sozialen Bewährtheit kann auf die Online-Welt und die Bedeutung der Kundenrezensionen für den Kaufentscheidungsprozess übertragen werden. Denn eine gewisse Anzahl an Bewertungen für ein bestimmtes Produkt gibt dem Konsumenten Auskunft darüber, ob sich dieses sozial bewährt hat oder nicht. So ziehen nach einer Umfrage des Unternehmens BrightLocal 88% der Konsumenten bis zu zehn Online-Kundenrezensionen zur Qualitätsbeurteilung von lokalen Unternehmen heran. Beinahe ebenso viele der Befragten (85%) sagten aus, dass sie bis zu zehn Bewertungen lesen, bevor sie einem Unternehmen vertrauen.[31] Eine weitere Studie zeigt, dass die Conversion Rates von Softwareanbietern proportional mit einer steigenden Anzahl von Kundenrezensionen steigt. Während bei null Bewertungen die Conversion Rate durchschnittlich bei 4,6% lag, stieg sie zwischen ein und vier Rezensionen auf 5,2% und zwischen fünf und neun Rezensionen auf 6,4% an.[32] Die Conversion Rate beschreibt das Verhältnis zwischen Besuchern auf einer Webseite und getätigter Transaktionen z.B. in Form des Kaufes eines Produktes im Online-Shop der Unternehmenswebseite.[33]

4. Hotelsuche im Internet – Wie wichtig sind Kundenbewertungen

Im Rahmen der Seminararbeit wurde eine elektronische Umfrage durchgeführt, um die Nutzung von Kundenbewertungen seitens der Konsumenten genauer zu erfassen. Thematisch bezog sich die Umfrage hierbei konkret auf die Bedeutung der Kundenrezension für die Hotelsuche, um den Bezug zum extensiven Kaufentscheidungstypen herzustellen. Die Erhebung beinhaltet zehn geschlossene Fragen. Ziel war es, den Einfluss von Kundenrezensionen auf die Wahl des Hotels zu bestimmen sowie allgemein ihre Nutzung und Bedeutung genauer zu untersuchen. Die gewonnenen

---

[30] Vgl. Felser G. (2014), 121.
[31] Vgl. Search Engine Land (2014).
[32] Vgl. Capterra (2012).
[33] Vgl. Gründerszene (o.J.).

Erkenntnisse stützen sich auf insgesamt 610 Antworten von 61 Teilnehmern aus Deutschland zwischen 18 und 60 Jahren. Aufgrund des Stichprobenumfangs ist festzuhalten, dass die hier gewonnenen Rückschlüsse lediglich für den Untersuchungskontext valide sind. Für eine Verallgemeinerung der Aussagen bedarf es einer größeren Stichprobe sowie vertiefender theoretischer Untersuchungen.

70% der Befragten gaben an, dass das Medium Internet immer als Informationsquelle für die Hotelsuche herangezogen wird. Die Ursache für die steigende Nutzung des Internets könnte hierbei in der wachsenden Bedeutung des Mediums, über alle Altersgruppen und Bildungsschichten hinweg, im Allgemeinen zu finden sein.[34] Weiterhin ist das Internet den so genannten Pull-Medien zuzuordnen, da der Konsument zur Gewinnung von Informationen Inhalte gezielt selber aufruft und aktiv wird.[35] Diese Eigenschaft wiederum könnte außerdem die starke Bedeutung für den extensiven Kaufentscheidungstypen und der hiermit verbundenen Notwendigkeit der aktiven Informationsbeschaffung erklären. Weitere 19,8% nutzen das Internet darüber hinaus regelmäßig als Informationsquelle, 8,2% hingegen nur gelegentlich und 1,6% nutzen das Medium hierfür überhaupt nicht.

Ebenfalls stark ausgeprägt war der Konsum von Kundenbewertungen im Rahmen der Umfrage. So gaben 98,4% an, dass sie Kundenrezensionen für die Hotelsuche heranziehen, während lediglich 1,6% die Frage mit nein beantworteten. Eine Begründung hierfür könnte in der Reduktion kognitiver Kosten liegen. Denn weiterhin gaben 91,8% der Teilnehmer an, ein Hotel auf Basis von Kundenbewertungen schneller beurteilen zu können. Die vorausgegangenen theoretischen Erkenntnisse werden also dahingehend bestärkt, als dass Rezensionen durch das aggregierte Wissen der Internetnutzer die Informationsaufnahme bzw. -verarbeitung erleichtern.

Auch die Glaubwürdigkeit spielt für die Nutzung von Informationen eine wesentliche Rolle. 63,9% der Teilnehmer empfinden die Rezensionen gegenüber Informationen die durch das Hotel bereitgestellt wurden als glaubwürdiger, während dies für die restlichen 36% nicht der Fall war. Die Ergebnisse verdeutlichen die Bedeutung von Bewertungen während der Hotelsuche, da als glaubwürdiger empfundene Informationen infolge erlernter Selektionsmechanismen bevorzugt genutzt werden. Interessant waren die Ergebnisse im Besonderen unter Berücksichtigung der Folgefrage. So

---

[34] Vgl. FAZ (2008).
[35] Vgl. Dittmar, F. (2010), S. 40.

empfinden 80,3% persönliche Empfehlungen gegenüber Bewertungen als glaubwürdiger. Kundenrezensionen schaffen es folglich nur begrenzt, ein unvoreingenommenes Verständnis zum bewerteten Produkt aufzubauen, was auf das bestehende Problem ihrer Manipulationsmöglichkeiten zurückzuführen sein könnte.

91,8% der Teilnehmer sagten weiterhin aus, dass positive Kundenbewertungen das Vertrauen in das bewertete Hotel steigern würden. Hierauf aufbauend verlangten 59%, dass ein Hotel mindestens eine durchschnittliche Sternebewertung von vier von insgesamt fünf Sternen vorweisen müsse, um dieses als Unterkunft in Betracht zu ziehen. Lediglich 1% verlangte eine fünf Sternebewertung während 32,8% ein Minimum von drei Sternen voraussetzten. Hierdurch wird deutlich, dass ein gewisses Ausmaß an moderaten oder auch negativen Bewertungen die Wahl des bewerteten Hotels nicht zwangsweise ausschließt. Hier sollten Anbieter vielmehr mit geeigneten Gegenmaßnahmen die Kundenzufriedenheit steigern und beispielsweise den direkten Dialog mit dem Konsumenten suchen. Das Bewertungsportal TripAdvisor beispielsweise stellt eine solche Funktion bereit und ermöglicht einen direkten Kontakt zu Kunden der Hotels.[36]

Um das Prinzip der sozialen Bewährtheit näher zu überprüfen, wurden die Teilnehmer überdies gefragt, wie viele positive Kundenbewertungen ein Hotel mindestens vorweisen sollte, um diesen und seinen Leistungen zu vertrauen. 34,4% forderten zwischen einer und fünf, 41% zwischen fünf und zehn, 13,1% zwischen elf und 15 Kundenrezensionen. Die Ergebnisse spiegeln die oben genannten Studien von Capterra und BrightLocal wider, sodass eine steigende Anzahl von Bewertungen die Kaufentscheidung zusätzlich positiv beeinflusst.

Des Weiteren wurde ermittelt, welche Handlungen der Konsument nach dem Heranziehen ausreichend positiver Kundenbewertungen tätigt. Hier gaben 73,8% an, dass sie anschließend weitere Informationen zum Hotel heranziehen, während immerhin 14,8% das Hotel umgehend buchen. Die Zahlen lassen vermuten, dass Kundenrezensionen in verschiedenen Phasen des Kaufentscheidungsprozesses zu unterschiedlichen Zwecken genutzt werden könnten. Beispielsweise könnten sie während der Informationsaufnahme konsumiert werden, um zunächst einmal klare Entscheidungsmuster zur Bewertung des Hotels zu entwickeln. Andererseits könnten Konsumenten Kundenrezensionen im Rahmen der Informationsverarbeitung heranziehen,

---

[36] Vgl. Haug, K. et al. (2010), S. 123-124.

um die bestehenden Alternativen zu bewerten. Letzteres würde dazu beitragen, die Kaufpräferenzen zu konkretisieren und somit die Wahl des Hotels direkt zu beeinflussen.

Diese Hypothese wurde mit der letzten Frage genauer untersucht, indem der konkrete Einfluss von Kundenbewertungen auf die Wahl des Hotels hinterfragt wurde. Hierbei konnten die Teilnehmer zwischen einer Skala aus fünf Punkten wählen, wobei ein Punkt überhaupt keine Beeinflussung und fünf Punkte eine sehr starke Beeinflussung darstellten. Das arithmetische Mittel aus den 61 Teilnehmern ergab einen Wert von 3,79 Punkten bei einer Standardabweichung von 1,02. Der als stark zu bezeichnende Beeinflussungsgrad von vier Punkten war mit 45,9% am häufigsten vertreten. Hieraus ist eine starke, direkte Beeinflussung von Kundenbewertung auf den Kaufentscheidungsprozess bei Hotels zu entnehmen. Des Weiteren gaben 24,59% eine sehr starke Beeinflussung und 14,75% eine mittlere Beeinflussung von Kundenrezensionen auf die Wahl des Hotels an. 13,11% behaupten, dass diese lediglich einen schwache Wirkung besitzen.

5. Fazit

Kundenrezensionen werden zunehmend als Informationsquelle herangezogen und in den Kaufentscheidungsprozess des Konsumenten eingebunden. Sie unterstützen den Internetnutzer dabei, in Zeiten heutiger Informationsüberflutungen gebündelte Informationen zu erhalten, die andere Konsumenten mit gleichem Hintergrund oder in ähnlichen Situationen selber erfahren haben. Hierdurch entsteht unter anderem die Tendenz dazu, Erfahrungen anderer Konsumenten eher zu vertrauen als sich auf unternehmensinszenierte Botschaften zu verlassen. Sowohl die theoretischen Erkenntnisse, als auch die in der Umfrage erarbeiteten Ergebnisse weisen weiter darauf hin, dass Kundenrezensionen im Besonderen bei extensiven Kaufentscheidungen eine tragende Rolle zukommt. Die Ursache hierfür ist in den Eigenschaften des hohen kognitiven sowie affektiven Aufwandes und der hieraus resultierenden Notwendigkeit der aktiven Informationsbeschaffung und -verarbeitung zu finden. Das aggregierte Wissen der Internetnutzer macht Informationen zu geringen Kosten zugänglich und stellt unter der Kosten-Nutzenschätzung somit eine bevorzugte Informationsquelle dar. Dies wiederum begründet die Annahme der hohen Beeinflussung von Bewertungen für die extensive Kaufentscheidung. Die in dem Fallbespiel gewonnen Ergebnisse bestätigen weiterhin die in der Theorie gewonnenen Erkenntnisse. Hier gaben 70,49% der Befragten an, stark oder sehr stark von Kundenbewertungen bezüglich der Wahl des Hotels beeinflusst zu werden. Eine weitere Umfrage von 1000 Internetnutzern weist ähnliche Erkenntnisse auf. Beim Kauf größerer Anschaffungen wie Haushaltsgeräte, Smartphones oder Autos werden 67,7% von Kundenbewertungen in Ihrer Entscheidung beeinflusst, 29,6% stark oder äußerst stark.[37]

---

[37] Vgl. Moz (2015).

III. Literaturverzeichnis

Literaturquellen

Becker, J.; Herwig, S.; Pöppelbuß, J.; Tiebe, D.; Winkelmann, A. (2009): Funktionale Gestaltungsoptionen von Online-Bewertungssystemen, in: Fischer, S.; Maehle, E.; Reischuk, R. (Hrsg.), Informatik 2009 – Im Fokus das Leben, Bonn 2009, S. 2098-2112

Beek, P. (2009): Die Relevanz von Produktbewertungen im Internet für den Kaufentscheidungsprozess des Konsumenten: Empirische Analyse am Beispiel Flachbildfernseher, Hamburg 2009, S. 7

Cialdini, R. (2010): Die Psychologie des Überzeugens. Ein Lehrbuch für alle, die ihren Mitmenschen und sich selbst auf die Schliche kommen wollen, 6. Aufl., Bern 2010

Domma, P. (2011): Der Einfluss des Web 2.0 auf das Konsumentenverhalten im E-Commerce. Eine experimentelle verhaltenswissenschaftliche Untersuchung der Wirkung von Web 2.0-Instrumenten in Online-Shops, Hamburg 2011

Dittmar, F. (2010): Grundlagen der Medienwissenschaften, 2. Aufl., Berlin 2010

Fabel, M.; Sonnenschein M. (2011): Customer Energy: Die neue Macht der Kunden, in: Walsh, G.; Hass, B.; Kilian T. (Hrsg.), Web 2.0 Neue Perspektiven für Marketing und Medien, 2. Aufl., Berlin Heidelberg 2011, S. 191-201

Felser, G. (2014): Konsumentenpsychologie, Stuttgart 2014

Foscht, T.; Swoboda, B. (2011): Käuferverhalten. Grundlagen – Perspektiven – Anwendungen, 4. Aufl., Wiesbaden 2011

Gröppel-Klein, A. (2008): Aktivierungsforschung und Konsumentenverhalten, in: Gröppel-Klein, A. (Hrsg.), Konsumentenverhaltensforschung im 21. Jahrhundert, Wiesbaden 2008, S. 29-67.

Haug, K.; Küper, J. (2010): Das Potenzial von Kundenbeteiligung im Web-2.0-Online-Shop Produktbewertungen als Kernfaktor des „Consumer-Generated-Marketing", in: Heinemann, G.; Haug, A. (Hrsg.), Web-Exzellenz im E-Commerce Innovation und Transformation im Handel, Wiesbaden 2010, S. 115-135

Hennig-Thurau, T.; Hansen, U. (2001): Kundenartikulationen im Internet: Virtuelle Meinungsplattformen als Herausforderung für das Marketing, in: Die Betriebswirtschaft 2000, 61. Jg., S. 560-580

Karahanna, K.; Watson, R. (2011): Unveiling user-generated content: Designing websites to best present customer reviews, in: Business Horizons, 54. Jg., 2011, S. 231-240.

Kroeber-Riel, W.; Gröppel-Klein, A. (2013): Konsumentenverhalten, 10. Aufl., München 2013

Kuß, A.; Tomczak, T. (2000): Käuferverhalten: Eine marketingorientierte Einführung, 2. Aufl., Stuttgart 2000

Miceli, M.; Castelfranchi, C. (2000): The role of evaluation in cognition and social interaction, in: Dautenhahn, K. (Hrsg.), Human cognition and agent technology, Amsterdam 2000, S. 225-261

Park, D.; Lee, J.; Han, I. (2007): The Effect of On-Line Consumer Reviews on Consumer Purchasing Intention: The Moderating Role of Involvement, in: International Journal of Electronic Commerce 2007, 11. Jg., 2007, S. 124-148

Roth, C. (2005): Kundenseitige Transaktionskosten als Einflussfaktor bei der Absatzkanalwahl von Konsumenten, Hamburg 2006

Schaffert, S.; Lassnig, M.; Wieden-Bischof, D. (2010): Wie gut bin ich? – Reputationssysteme im Web, in: Hornung-Prähauser, V.; Luckmann, M. (Hrsg.), Die lernende Organisation 2.0: Vom Web-2.0-Solisten zur Web-2.0-Jazzband, Salzburg 2010, S. 91-106

Internetquellen

Forrester (2013): How branded content will unlock the key to consumer trust. https://www.forrester.com/How+Branded+Content+Will+Unlock+The+Key+To+Consumer+Trust/-/E-PRE4784, Abruf am 08.04.2016

Capterra (2012): Think You Don't need Software Reviews? Think Again!. http://blog.capterra.com/think-you-dont-need-software-reviews-think-again/, Abruf am 08.05.2016

FAZ (2008): Das Internet setzt sich als Informationsmedium durch. http://blogs.faz.net/netzwirtschaft-blog/2008/10/24/mediennutzung-552/, Abruf am 06.05.2016

Gabler Wirtschaftslexikon (o.J.): Klassische Lehre. http://wirtschaftslexikon.gabler.de/Definition/klassische-lehre.html, Abruf am 05.05.2016

Gründerszene (o.J.): Conversion-Rate. http://www.gruenderszene.de/lexikon/begriffe/conversion-rate, Abruf am 08.05.2016

Moz (2015): https://moz.com/blog/new-data-reveals-67-of-consumers-are-influenced-by-online-reviews, Abruf am 20.05.2016

Search Engine Land (2014): 88% Of Consumers Trust Online Reviews As Much As Personal Recommendations. http://searchengineland.com/88-consumers-trust-online-reviews-much-personal-recommendations-195803, Abruf am 05.05.2015

Wirtschaftslexikon24 (2015): Bedarf, Bedürfnis. http://www.wirtschaftslexikon24.com/d/bedarf-beduerfnis/bedarf-beduerfnis.htm, Abruf am 05.05.2016